二〇一九年が明けて間もない一月十五日の早朝、自宅で倒れて救急車で運ばれました。病名は、脳幹梗塞《のうかんこうそく》。

幸い、記憶や言語の障害は全くなかったのですが、二カ所に麻痺が生じました。一カ所は身体のバランスが崩れ、歩行に障害が生じたこと。もう一カ所は嚥下《えんげ》（飲みくだすこと）に障害が生じたことです。一カ月の入院ののちリハビリテーション病院に移り、ふたつの障害を改善するリハビリを続けました。三カ月後には、杖をつけば歩けるようになり、食事も流動食を食べられるようになり、退院。ところが、九月に自宅で転倒、骨折。ふたたび一カ月の入院をする羽目になりました。

いまは、食事は何でも普通に食べられるようになり、自宅で療養を続けながら、週に二、三回は事務所にも出かけています。杖がないと不安ではありますが、歩いて外出もします。全くもって思いがけない、初めての体験でした。

この間、すべてのレクチャーや事務所外のミーティングなどを断ったために、膨大な時間ができました。入院中は眠れない時期もあり、夜中にあらためて、いろいろなことを考えました。

過去につくった建築を振り返るにつけ、いままで自分は何を考えて建築をつくってきたんだろうか、建築とは何か、という原理的なところへ思考はめぐりました。

その時間を通して、自分のなかでこれだけは変わらないと言えるもの、自分が腹の底から思考してきたことがはっきり見えて、そこだけをもっと追求すればよかったのに、あえてそうではないことをやってみても、やはりそれはダメだったんだということがよくわかりました。

そして、この病《やまい》を経験して一番大きかったのは、人との接し方が変わったことです。駅のホームまで歩いて新幹線に乗る、ただそれだけの、以前は何も考えずにやっていたことが、決して楽なことではない。まわりの人がみな自分を追い越していく。自分は弱者なんだということを初めて実感しました。

東日本大震災の被災地に行ったとき、サポートするという気持ちと同時に自分の建築を考え直してみたいという気持ちもありました。いまになってみると、そのとき考えていたことは甘かった。被災した人と、同じ立場に立ってはいなかった。いま、そういう立場で建築を考えられるだろうか、ということが自分のなかでとても気になっています。

もうすぐ、設計事務所を始めて五十年になります。建築家として、ではなく、私というひとりの人間として、何が可能か。建築家としての自身が他者といかに違うかを意識するのではなく、ひとりの個人が他の人といかに同じであありうるかを感じながら、建築を考えることができるのか、確かめたい気持ちでいっぱいです。

なんとつまらないと思われるかもしれませんが、「もっと優しくなれ、優しい視線で建築を考えよう」と思います。それは、弱い立場でものを考えるということではなく、むしろもっと、自分が強くありたいという気持ちです。

これまでのように身軽には動けなくなったけれど、思考だけは以前より柔軟でありたい。そんなことを思いつつ、これからの建築に向かって、もうひと頑張りしたいと思っています。

コロナウイルスは虫が花から花へと舞い移るように、人と人の間を行き交っています。ウイルスからすれば、人は独立した個ではなく、連続した自然の一部分に過ぎないのではないでしょうか。

目次

真夜中の病室で考えたこと 11
自分を形づくってきたもの 34
公共建築をつくるということ 53
美しい建築に人は集まる 75
のこす言葉 98
略歴 99

伊東豊雄——美しい建築に人は集まる

真夜中の病室で考えたこと

――「中野本町の家」から「台中国家歌劇院」へ一回転

自分たちの明日の町

東日本大震災のとき、何カ所かの被災地に「みんなの家」という集会所をつくりました。仮設住宅の敷地のなかの、誰もが気軽に立ち寄れる、居間のような縁側のような憩いの場です。

震災が起きたとき、誰に依頼されたわけではないけれど、建築家としてできることがあるはずだと、当時たちあげたばかりの「伊東建築塾」の塾生と、被災地に向かいました。

最初に釜石《かまいし》に行ったときに、朝、地元の人たちに、これから三日ほど一緒に話をしましょうと言ったら「お前ら、何しに来たんだよ」と言われました。「お前たちに考えてもらうことなんて何にもない、俺たちの町は俺たちでつくるから」と。それは、どれだけわれわれ建築家という存在が信用されていないか、必要とされていないかを実感した瞬間でした。そこから三日間、話をするうちに、かなり信頼されるようにはなりましたが。

実際に最初に「みんなの家」をつくったのは、釜石ではなくて、仙台の宮城野《みやぎの》区で、住民の人たちはその場所ができたことを喜んでくれて、大歓迎してくれました。けれど、それは僕がいま考えている、一緒に建築はつくれるか、共有できるか、というレベルで彼らが考えてくれたわけではなく、人間的に優しいとか、いいヤツだなあということで受け入れてくれたのに違いない。それはそれで、ひとつの関わり方かもしれないけれど、結局は建築家の無力さを思い知らされました。

仙台の宮城野区の「みんなの家」は、煙突のある切妻屋根の、小さな木造の小屋のような建物で、いままで僕が設計してきた建築とは、およそかけ離れたものです。

当時は、普段考えている建築と違っていいんだと思っていました。スタッフが、そんな大工さんがつくるような家をやっちゃっていいんですかと言うけれど、ひとつやふたつ、そういう建築を設計したからって、別に何かが変わるわけじゃない。これは自分の作品ではないんだから、とにかく早く、昔の民家みたいなものをつくればいいんだと思っていました。いま思えば、そういうときこそ、最高の作品と自分で言えるものをつくるべきだった。そしてそれが被災地の人たちにとっても、いいねと言ってもらえる建築であること。それには、やはり自分の建築が変わらないとダメなんだということを、あらためて痛感させられました。

これまで考えてきたようなことでは、被災地の人たちに向かって、これが最高の作品だとは言えないだろうということです。

自分の建築を変えることは、一朝一夕にできるものではないけれど、少しずつ考えを変えないとダメだと思いはじめました。

あのとき、復興計画の目処すら立たなかったころ、被災した人たちが一瞬考えた、自分たちの明日の町っていうのは、きっとすごく美しい町だったんじゃないかなと想像します。決して昔の町を再現したいと思ったのでもなく、ましてや、現在つくられつつある町でもない。もっと、理想というよりも、自分たちのなかにある心象風景みたいなものでつくられる町だったんじゃないか。そのヴィジョンは、一瞬でしかなかったような気がする。

結局、僕たちの提案した復興計画は、何ひとつ採用されることはなく、建築家の無力とはまた別の、行政の壁を嫌というほど思い知らされました。それで「みんなの家」につながっていくのですが。

だからこそ、本当の意味で、これからの町や建築を考えていくときには、あの一瞬の幻のような町をみんなで共有できなければ、という気がします。そういうことはできるんだろうか、ということを考えています。

必要だとも思ってないのにできてしまう

僕たちの世代は、モダニズムの論理のなかで建築の教育を受けてきました。

二十世紀の初頭、モダニズム建築の祖のひとりル・コルビュジエが、未来はこんなに素晴らしいんだと語った都市とか建築は、ほんとに輝いていたんだと思います。でも、モダニズムの言語はもはやかつての輝きを失っていて、モダニズムを受け入れる社会も変わってしまった。さらに、モダニズム建築はグローバル経済の論理と結びついて、ますます堕落してしまったのだと思います。東京・渋谷の再開発に代表されるように、建築をつくる動機はもはや経済活動でしかない。

明治以降、百数十年で、日本はドラスティックに近代化が導入されてきたことによって、江戸の町並みのような低層でヒューマンスケールでできていた町が、急激に鉄筋コンクリートの町に変わり、高層ビルも建てられるようになった。

モダニズム、すなわち近代主義思想の論理でつくられる建築や都市が理想的なんだと建築家は教えられてきたし、それによって工業化を目指して町や建築をつくっていくことこそが豊かさだと信じて、みんながそこに向かって走り続けてきたのです。

そうすると、たとえば庇《ひさし》があって、庇の下に薪《たきぎ》が積まれているような風景がなんとも味わい深くて美しいと思いつつも、庇のない家のほうが美しいという美学にいつの間にか置き換わっている。できるだけ抽象的でシンプルで、出っ張ったり引っ込んだりしてるものがない、つるんとした、抽象的な箱が一番美しい、屋根もフラットルーフ、という美学に置き換わっている。

特に、ある程度、高層化、積層された建築になってくると、フラットルーフになら

仙台市宮城野区の、仮設住宅が並ぶ敷地の一角にあった「みんなの家」第1号。
仮設住宅の解体後は、2017年に新浜地区に移築、活用されている。
撮影＝伊藤トオル

ざるを得ないので、近代以前にはわれわれが当たり前だと考えていた建築と、輸入された近代主義思想に基づく建築との間のギャップを埋められない。それが大規模化するにつれて、ますますそのギャップが拡張され続け、現代都市のような、超高層ビルが建ち並ぶ都市になってしまった。

一九七〇年代頃までは、需要と供給の関係において、モノの価値が問われる経済システムのなかで循環が行われてきましたが、いまやそういうレベルを超えてしまった。グローバリズムの経済システムでは、巨大な歯車がまわっているから、建築が必要なくてもつくり続けざるを得ないという矛盾があるのです。みんなが大切だとも思ってないし、必要だとも思ってないのに次々と巨大な土木工事が行われる。東北に通いながら、その虚しさを嫌というほど感じました。何のために防潮堤をつくってかさあげしてるのかといったら、端的にいったら、経済のため。人のためではない。

建築でいえば、機能的であるとか便利であるとか、そういう尺度で建築の良し悪しが判断される。被災地には、そんな尺度では生きていない人がいっぱいいる。この人たちは、箱のような、団地のような、モダニズム建築の災害公営住宅を与えられても、全然うれしくないだろうと思いました。

近代以前と現代が結びつく接点

一方で、僕らはモダンな生活というのを、全面的に受け入れて暮らしています。じゃあ、日本の美しいものってなんですか？　と聞かれると、誰もいまの生活が一番美しいと思ってはいない現実があります。日常ではない、もっと別のところに日本の美しいものがあって、それはたいてい過去のものです。桂離宮は美しいというけれど、それといまの自分の暮らしとは関係がない。

食べ物だと、洋菓子だけじゃなくて、和菓子だって素晴らしいとか、寿司もそうですが、どんなにモダンなものに覆われても、昔もいまも、ますます寿司はうまいもんだってことになっている。でも建築は、過去の美しいものが、食べ物のように現在にはつながっていないわけです。

伝統的な木造の日本家屋に暮らす人はごく一部の限られた人で、多くの人はせいぜい旅館で温泉に入っていいよねと言ってるくらいです。そういう二重の暮らしを矛盾なく受け入れている限りにおいて、日本の将来の建築に限界はあると思うし、本当の意味で、日本の建築はすごいとか、新しいと言える状況ではないと思います。

世界の建築界のなかで、日本の現代建築は高く評価されています。しかしそれは、モダニズムの洗練でしかない。建築界のノーベル賞といわれるプリツカー建築賞をもらった日本人は、これまで七組いて、かくいう私もそのひとりです。けれども、それはあいつらよくやるじゃない、という評価の仕方なんだと思います。ヨーロッパから見れば、モダニズムは自分たちのものであり、東洋人のくせによくやってるよと。それが悔しいし、それを脱するためには、本当に、日本の近代以前のものと、現在とがつながらなければいけない。それがほんとにどこかでうまくつながったら、被災地の人たちにも、いい建築だね、と言ってもらえるような建築ができるはずだ、ということを最近考えます。

もう一回、歴史とか地域性とか、そういうことをゼロから考え直していくことで、ひとつのものに結びつけられないか。つまり、近代以前の思想と、現代技術を使う建築とがひとつになりうる接点を見つけること。そのことが、ありていにいえば、僕が目指そうとしている建築ということです。

地下にもぐっていくような建築

大学を卒業して入った菊竹清訓《きくたけきよのり》建築設計事務所にいたころに、建築は論理じゃない、身体全体でこれはいいと思うものを考えない限り認めてもらえない、ということを学びました。それで建築って面白いものだな、と思い始めました。

その原点に立ち返って、自分の身体に基づく建築はどういうものだったか、真夜中の病室で過去の作品集をながめながら考えました。

初期につくった「中野本町の家」（１９７６年）が、自分のなかでは大きな位置を占めていることを再認識するようになりました。姉のために設計した馬蹄《ばてい》形の平屋の家で、外側に向かって窓はほとんどなく、中庭に面した内側とトップライトに小さな窓があり、入り口もわかりづらい。外界に対して、非常に閉じたつくりです。当時、地上にある地下の空間とか、洞窟みたいな空間だと言われました。

自分では、身体全体で建築を考えることを、この「中野本町の家」で初めて実現できた気がしていました。その後も、自分の身体に基づく建築は「中野本町の家」のように地中に沈潜していくような内向的な建築であり、それが自分の身体性なのかなと

「中野本町の家」。写真手前の小さな白い扉が玄関。
撮影＝多木浩二（左ページともに）

チューブ状の内部空間。トップライトから外の光が入る。

台湾の「台中国家歌劇院」のホワイエ。

「台中国家歌劇院」の外観。
内部の広がりを切った断面が外観になっている、という考え方。

感じてきました。

そうすると、今度はそういう身体性から離れたくなって、比喩的にいえば、地下から地上に出ていきたいと思うようになります。しかし身体性からはずれようと思ってつくったものは、やはり頭で考えて意識的につくっているから、どうもよそよそしいと感じてしまう。そういうことの繰り返しを、三十代からずっとやってきていまに至ります。

最近になって、台湾でオペラハウス「台中国家歌劇院」(2016年)をつくりました。ここも全体が洞窟のようだと言われ、たしかに「中野本町の家」にどこか通じるものがある。いろいろあって完成までに十一年もかかったのですが、できあがったときに、自分の建築人生が一回転したなと思ったんです。建築としての還暦だと。

こうして自分の建築を振り返ると、流動的な空間とか、体内回帰的であるとか、いろんな言い方はできるのですが、洞窟的な空間が自分の本質なんだなと思います。「下諏訪《しもすわ》町立諏訪湖博物館・赤彦記念館」(1993年)なども、傑作とは思いませんが、自分にとって非常に身体的な建築だと思います。

それをあえて言葉にすれば、地上にあるけれども洞窟みたいな建築。洞窟は、内部だけあって外がない。外形がないわけです。「中野本町の家」もそうでしたが、その

ふるさとの諏訪湖畔に建つ「下諏訪町立諏訪湖博物館・赤彦記念館」。

後も、建築の外形をどうするかは僕にとってはいつも悩ましい問題です。建築に外形がなくてすんだら、こんなにうれしいことはないのにとずっと思っていました。

豆腐のように四角く切った外観なのは、結果的には外形なんだけど、意識的につくった外形ではないんだという表現。内部でつくったものが広がっていったところを切った切断面なんです、といつも言っています。ファサードという概念がない。

インテリアという概念も、あまり自分のなかにはありません。でも洞窟には、入り口とか出口となる穴はある。だから台中の建築を説明するときは、これは人体なんですよと言うとわかりやすい。人間の身体はいくつかの器官がからみあっていて、鼻とか口とかお尻とかで外とつながっているように、この建築も、いくつかのチューブの連続体でできていて、開口部を通して外とつながっている。

同時に、人間は母体にいるときは一番護られていて、そこから外に出てきて、環境にさらされて、自らを護らなければならない。だから、母体のような安全なところに戻りたいのが、体内回帰の願望なんじゃないかと思います。

昔、早稲田大学に非常勤講師で教えに行っていたときに、設計演習という授業があって、自分の好きなスペースをつくる課題を出しました。そうすると、女の子は宙に浮いていたり、樹上のハウスとかを描くけれど、男の子は防御的になる。それこそ、洞窟のなかにもぐりこんだり、甲冑《かっちゅう》に身を包んだような建築になったり。男の子のなかには、母体のなかにもう一度戻っていきたい、みたいな願望がすごくあるのかもしれない。僕にもそういう本能があるのかもしれない。

建築を考えていく過程は、まず事務所のスタッフ数名でチームをつくり、一緒に考え始めるのですが、試行錯誤を繰り返しながら、このイメージでいける瞬間が訪れるときと、いくら考えても訪れないときがあります。いつまで考えていても、どうもうまくいかないときと、これだったら大丈夫だというときがあって、うまくいくときは不思議と、参加しているチーム全員の意見がだいたい一致します。むしろそこから先に、それだったらこうしようああしようと、また日替わりで変わっていく。その過程で、かなり自分の身体から発するイメージが、形に変わっていく手応えがあります。

だから自分の建築よりも、他人の建築を見に行ったときに、これは頭で考えた建築だろうとか、身体から発してる建築だろうというのは、すぐ感じてしまう。頭でつくった建築には、全く興味が湧きません。写真を見ただけではわからないし、文章を読んでもわからない。見に行って初めて、これは面白いって思うんです。

それはたぶん、建築は本来、身体に深くかかわっているからなんだと思います。

曖昧な日本語がつくる身体性

自分の身体性は、言語によってつくられたと思っています。日本語で思考してきたことと、身体性は深く関係していると感じます。自分にとって確かなことってあるんだろうか、というような疑問は前からあったのですが、振り返りながら考えていくと、曖昧さが自分の性格でもあるし、本質的な自身を形成していると思います。それは日本語の持つ曖昧さによるところが大きい。

直線を一本引くことは、曖昧さのなかに、かなり確かなものをそこに求めることになる。だから、直線より曲線のほうが、自分ではぴったりきます。特に直線で囲まれて部屋をつくる、境界を定めてしまうというのが嫌なのです。明快なものは、どうもしっくりこない。部屋をつくらざるを得ないし、また直線と直接にかかわっているのは幾何学の問題で、幾何学を使わないと建築はできないと思いますが、幾何学だけで建築ができてしまうことも否定したい。幾何学は必要だけれども、それを崩したい、曖昧にしたい、そういう意識が常に働いています。その狭間で、自分の建築は成り立ってるという気がします。

たとえば「せんだいメディアテーク」(2000年)を例にとると、水平の床が何枚かあって、それと揺らいでいるチューブがあって、その両方で成り立っています。水平の床がないと建築は成り立たないし、水平性の強いものだけだったら、あの建築は成立しなかった。ということは、いつも葛藤が自分のなかにある。直線は使うけれども、否定の対象でもあるわけです。

日本語が曖昧な言語であることで、僕はすごく救われていると思います。米国で仕事をするときに通訳をお願いしたことがあって、そのときに、自分がこうかもしれないなあという曖昧な言い方をすると、断言的に通訳される。英語だとある程度自分でもわかるから、そうじゃないのになと思いながら、断言してくれるのは、よくぞ言ってくれたと思ったりもする。非常にアンビバレントな気持ちになるのです。

現代建築は、やはりまだ圧倒的にモダニズムというか、近代主義のなかにあって、特に西欧の人たちは、日本の建築家がつくる建築を、辺境の人の建築という目で見ている。それはそれで勝手だと思っているし、自分が中心になりたいとは思いません。ただ、近代化された社会のなかで、ヨーロッパの近代とは違う、日本人の身体性を探っていきたい。

それが、これからの時代の、世界に通じる建築思想になると思っています。

自分を形づくってきたもの

——内向的な野球少年が建築を志すまで

諏訪湖に立つ水平の虹

若いころは、子ども時代の原風景は自分のつくる建築と関係ないと思っていました。歳とともに、その風景がやはり自分の空間感覚とオーバーラップしているのかな、と思うようになりました。

父親が商社に勤めていた関係で、昭和十六（1941）年に、京城《けいじょう》（いまのソウル）で生まれました。当時のことは全く覚えていません。終戦の一年くらい前、僕が二歳になるころ、この戦争はもうダメだからお前たちは早く帰れという父の指示で、父のふるさとである長野県の下諏訪町に転居しました。父親は、終戦直前に、飛行機で命からがら逃げ帰ってきたみたいです。

戦後すぐは、父親の姉の家に一年くらい寄宿していましたが、近くに、小さなバラックをつくってそこに引っ越します。さらに二、三年して僕が小学校四年のころに、諏訪湖のすぐそばに移って父親が味噌屋を始めます。身体が丈夫ではなかった父にしてみると、もし自分が早く死んでも、味噌屋は景気に左右されないからと、家業を息子に残してやろうというつもりもあったようです。

父親は、材木屋の息子でした。僕の祖父は町長になったものの、政治でお金を使って材木屋をつぶしてしまい、父親は昔の中学校しか出られなくて、卒業すると単身で京城に渡ります。向こうで苦労して三井物産の傍系の会社の社長になりました。すごい努力家だったようで、まわりは東大卒ばかり。麻雀、野球、ゴルフ、なんでもやって周囲の人に取り入っていったんだと思います。やりだすと凝るタイプで、李朝の焼き物に凝り、当時は、現地の人から安く買っていたようです。コレクターというよりは研究に関心があって、李朝の興味深いものだったら、かけらでもいいというタイプ。

戦後、諏訪に戻ってきてから、僕が小学生のときに、柳宗悦《やなぎむねよし》、バーナード・リーチ、濱田庄司《はまだしょうじ》といった人たちが、その李朝の焼き物を見に諏訪の自宅に訪ねてきたことが二、三度ありました。父の集めていたものの一部は、のちに僕が設計した下諏訪町の博物館に寄贈しました。

父が始めた味噌屋は「鶴屋」というブランドで、同じように焼き物が縁で京城時代に親しくなった日本画家の山口蓬春《ほうしゅん》さんが、味噌屋を始めたときに、鶴が三羽飛んでる絵を描いてくれました。それは僕も小学生のときにながめて、すごくきれいな絵だと思いました。味噌屋のラベルになると同時に、原画は、諏訪湖畔に建てた家の床の間の襖絵《ふすまえ》になっていました。

その家は、庭が湖に面していたので、毎日、諏訪湖をながめて暮らしていました。いつも鏡のように静かで、凍った湖面に雪が積もると、ほんとうにきれいでした。ちょうど十二月くらいに、急に寒くなると、湖の水温と気温との間に温度差ができるので朝靄が立ちます。晴れた日は特に朝、気温が下がりますから、朝日が昇る時間に西の湖面すれすれに水平の虹が出ることがある。水平虹って呼んでました。すごく幻想的で、一年に二度くらいしか見られない。父親に朝起こされて、家の二階から見ていました。

1歳半頃、下諏訪にて。

小学生のころ級友と（左から2番目）。

そういう風景が、僕の原風景です。生《なま》な自然というより、ものすごく浄化された風景として蘇ってきます。それをいま、建築にしようとしてるんだろうと思います。

僕自身は、内向的なところがあって、絵を描いたり、工作をするとか、ラジオをつくったりすることが好きでした。三歳上の姉が東京に出るとき一緒についていって、秋葉原でいろんなパーツを買って、ラジオの組み立てに夢中になっていた時代もありました。

小学校六年生のとき、父親が亡くなる前の晩、ラジオをつくっている僕に「そういうことばっかり、お前は好きだなあ」と言って、それが最期の言葉となりました。その翌朝早く、突然起こされて、そのときはもう亡くなっていました。心筋梗塞でした。十二月の寒い朝で、かかりつけの医者がふたり来ていたのを覚えています。

歳をとってからの子だったし、末っ子で長男だったんで溺愛されていました。父親は高血圧で自分の身体が弱いから、僕を医者にしたかったらしい。長生きしてたらどうなっていたか。ある意味幸せだったのは、男同士の葛藤というのは経験せずにすみました。

じっとまわりを観察する性格

野球少年でもあったので、中学は野球部に入りました。野球部の監督でもあり、中学の二～三年の担任だった菅沼四郎《すがぬましろう》先生が、戦争帰りの熱血漢で、先生にだけはよく怒られました。でもその先生が、僕が三年生になったとき、将来東京に行くんだったら早く行ったほうがいいと背中を押してくれたこともあり、中学三年の途中で東京に出てきました。

菅沼先生は数年前に八十八歳で亡くなりましたが、亡くなるまで、よく手紙をくれたり、僕も家に訪ねて行ったり、交流が続いていました。僕が新聞やテレビに出ると、「見たよ」と連絡をくれました。

当時の通知表が残っていて、面白いのは、学業のほうは歌唱力だけが4で、ほぼオール5だったのですが、社会的な行動面は3だらけ。創造力も3。先生から「お前は勉強ができるのに、どうしてもっとリーダーシップをとらない」と、いつも言われてました。昔から、静かにだまって、人のやることを見ているような子でした。それがその先生にとっては、はがゆくて仕方ない。

内向していたのは、諏訪で生まれた子どもではなかったということにも因《よ》るような気がします。地元の人から見ると、ややよそ者だと思われていた。父親はそもそも諏訪の人間だから、そういう意識はなかったけれど、ほかの家族、特に母親は一番よそ者意識が強かった。僕は、うちとけて友だちと一緒に遊んだり、まわりの人と仲よしでしたが、京城時代に父親が着ていた外套を直してオーバーコートにしてるとか、着てるものも地元の子どもとは少し違う。そういうことが、まわりの人からは浮いてるように見えたんでしょうね。

それを自分でも意識していたから、まわりを観察するような子どもになったんだと思います。もともとの性格でもあったけれど、それがより強調されるようになった。

決して暗い子ではなかったけれど、人を引っ張ってくようなタイプではなく、家でも姉のほうが積極的で、僕はわりと無口でした。

最近、僕の設計事務所からはどうしてたくさん建築家が育つんですか？　とよく聞かれるのですが、そのことと、まわりをじっと観察しているような性格とは、関係があるような気がしています。僕は自分でスケッチも描きますが、スタッフにもアイデアを出させて、そこから選びとって、さらにまたそれをみんなで練って設計を進めていくようなやり方をします。自分のアイデアをまわりに命令してやらせるタイプを凸型だとすれば、僕は凹型。吸収するタイプ。人とのコミュニケーションをとりながら自分の方向を決めていくようなやり方は、少年のころの性格と通じているのかもしれませんね。内向的なのは、いまでもそんなに変わらないです。人混みのなかにいるのはあまり好きじゃないし、ひとりでいるほうが好きです。決して社交的ではない。

一方で、野球をやったりスポーツも好きで、中学時代は短距離走が速かった。当時、野球をやるのも、走るのもみんな裸足で、中二のときに、裸足で走って百メートル十一秒台。運動会はいつもヒーローでした。ほとんど負けたことがなかった。左利きだから野球はピッチャーもやってました。だけど一方で引っ込み思案、というふたつの面があって、後者の性格で建築をやるようになったのでしょうか。

消去法で選んだ建築

東京へ出てきたのは、中学三年の夏前くらいです。親戚の家に置いてもらって、大森六中というところに編入しました。諏訪にいたときは、たとえばテストをして、全部の学科で千点満点だとすると、僕は九百七十点くらいは取る。二番目の子が九百点いくかいかないかぐらいですから、とても優秀な生徒でした。ところが、東京へ出てきたら、最初のテストの成績が学年で六十番目くらいで、ものすごくショックでした。当時はベビーブームで、生徒数がものすごく多い。一クラス八十人いて、十一クラスもありました。教室はほとんど歩く場所がなかった。

日比谷高校の学区で、いい中学だからそこに行けば大丈夫だと親戚に言われて行ったけれど、とんでもないとこに来ちゃったなあって。秋には一桁台に挽回しましたが、最後まで一番にはなれなかった。

日比谷高校に入ったら、ますます並の高校生でした。僕らのころは男子三百人、女子百人で、浪人も入れると、学年で百七十人くらい東大に進学しました。慶應、早稲田じゃ肩身が狭いという感じで。でも勉強をがんがんやらせるような校風ではなくて、自由な学校でした。学芸大附属とか都立大附属の中学から来た同級生が多く、みんな都会の子なんですよ。僕は坊主頭でしたから、東京の子はこんなにスマートなんだって、すごいコンプレックスがありました。

むしろ東大に入ったら、田舎から来た学生がいっぱいいる。結構ダサイのがいるなあと思って、そのあたりからコンプレックスは消えたのかもしれない。駒場寮に入ってる連中は、サンダルで学校に来るようなヤツばっかりでしたからね。

高校に入ってからも、野球をやっていました。大学を決めるときも、東大だったら神宮球場くらい出られるだろうと思って、東大の文Iを受験しました。そしたら見事にスベった。野球をあきらめて、浪人していた夏に、急きょ、理系に変えました。もしストレートで文Iに入っていたら、野球はやったと思うんですけど、大蔵省（いまの財務省）に行くほどの才能もなく、銀行や商社にでも行って、いまごろリタイアして陶芸かなんかやってたかもしれません。

一年浪人して、理Iには受かりましたが、その時点で建築をやりたいと思っていたわけではありません。早稲田の電気通信も受けて、そっちも受かった。そのころは、エンジニアになろうと思っていました。電気とか機械の学科に行って、東芝のような企業に行くことを漠然とイメージしていました。

どうして建築の道に進んだのかとよく聞かれますが、それは一番いやな質問。東大は、入学するとまず教養学部を駒場キャンパスで過ごすのですが、駒場で授業をサボってばかりいたから成績がよくなかった。そのため、機械とか電気とか希望の学科に行けなかったんです。行けるところは限られていて、そのなかでも土木とか冶金《やきん》とか鉱山とかよりは、建築のほうがマシかなっていう、それくらいの動機でした。

当時、建築学科は、「工学部の落ちこぼれ」と言われていました。のちに、工学部のトップクラスになって、駒場で優秀な連中が建築学科に行くようになりましたが、あまり優秀な連中はいい建築家にならないんですよ。負け惜しみみたいだけど。あんまり頭がいいと建築家ってダメみたい。

建築学科の同級生に、月尾嘉男《つきおよしお》という、コンピュータの分野のさきがけで東大教授になった友人がいて、学部にいたときから、「オレは頭がいいから設計みたいなバカしいことはやってられない」って言ってました。たしかにそういうところがあって、若いうちは徹夜で図面をひたすら描くようなことをいっぱいやらないと、つくれない。あんまり頭がいいと、そんなことやってられないって思いますよ。

ですから、建築に進んだ理由はなりゆきでした。まだ丹下健三《たんげけんぞう》さんが助教授（いまの准教授）で大学の研究室にいた時代です。ちょうど代々木のオリンピックスタジアムをつくってる時期で、忙しいからほとんど大学に来ない。建築意匠という講座をもっていて、そのころからスターでしたから、いつ来るかと学生は毎週待ってるんですけど、なかなか現れない。ようやく来たと思ったら、「新建築」の合本を持ってきて、その文章をただ棒読みして帰っていった。教えることには興味がなかったんでしょうね。グリーンっぽいタータンチェックのジャケットに蝶ネクタイ、流行りのパンタロンスーツ、とんがった靴をはいてた。それだけ覚えてます。あのころ、ベストドレッサーになったと、新聞で見ました。授業で話したことは、何にも覚えてないです。

アイデアは腹の底から絞り出す

大学四年の夏に、菊竹清訓さんの事務所に、アルバイトで一カ月働かせてもらう機会がありました。その当時、菊竹さんはまだ三十代半ばで、ものすごい勢いでデビューしてきた感じでした。スポーツでいえば、百メートルを九秒台で走る選手が出てきたみたいな勢いがあった。ほかの、東大のまわりにいる先生よりは魅力的に感じられて訪れてみたのですが、すごかった。いま建築を続けられているのは、菊竹さんのおかげだと思います。

何がすごかったかというと、東大で、丹下さんや、その研究室出身の磯崎新《いそざきあらた》さん、黒川紀章《くろかわきしょう》さんたちは、理論で建築を考えようとしていて、僕もそういうもんだろうとずっと思っていました。菊竹さんもそういうタイプの建築家で、「か・かた・かたち」など独自の理論を展開する文章を書いていたので、そのつもりで行ってみたら、全く違った。腹の底から絞り出すようにしてアイデアを出す。まわりのスタッフも、死に物狂いで出さないと進んでいかない。今日打ち合わせてこれでいいと決まったことも、あくる朝、ひっくり返っているということが繰り返される。ものが決まっていく瞬間の緊張感を間近に見て、ああ、設計ってこういうことなんだと。僕らが大学でボーッと考えていたのとはまるで違う。ものすごいインパクトでした。

卒業したら、菊竹さんのところで働かせてもらいたいと思いました。アルバイトの最後の日に、来春から来させていただいていいですか？　と言ったら、その場でＯＫが出て、昭和四十（１９６５）年の春から働かせてもらうことになりました。

人生で、あんなに働いたことはない。最初の年は、三日に一度は事務所で寝てました。それも製図板の下で。若くて体力もあったから、完徹しても平気でした。

菊竹事務所で特に重要だったのは、構造設計家との打ち合わせです。当時、菊竹さんは著名な構造家だった松井源吾《まついげんご》さんにいつも依頼していて、松井さんとの打ち合わせを、担当のスタッフとして一緒に聞かせてもらうのですが、その緊張感といったら。松井さんのアイデアから菊竹さんが何か閃《ひらめ》くと、興奮状態になる。それを僕らが聞いていて、翌朝までに模型にしたり図面にしたりする。菊竹さんも、それを楽しみに朝早くやってくるのですが、満足できないことが多く、ひどいときには模型を壊してしまうとか、図面を破いてしまうこともある。僕が入ったころは、もうそんなにひどいことは滅多になくなっていましたが、一度だけ、隣に座っていたスタッフが徹夜で描いた図面を破かれるのを目の当たりにしました。当時は、トレーシングペーパーの図面ですからね。彼は顔面蒼白になっちゃって、僕もそばにいてゾッとしました。毎日、菊竹さんは昼間は外に打ち合わせに出ていて、夕方戻ってきてからスタッフがひとりずつ呼ばれて打ち合わせをするのですが、アイデアの出ない人はパスされる。それが二、三日ならまだしも、一週間、二週間、なんにも言われない人もいるわけです。いたたまれなくなって辞めていくしかない。

菊竹清訓建築設計事務所に勤めていたころ。徹夜もしばしば。「人生で一番働いた」時期。

未来都市でもなんでもなかったＥＸＰＯ’70

菊竹事務所での教訓は、頭で考えたことなんて三日で変わってしまう、でも腹の底からこれがいいと思ったことは少なくとも一、二年は変わらない。そのことは、いまでも事務所のスタッフに言います。「ほんとに、これ、いいと思って言ってるの？」って。でもそれは、言われる身になると難しい。腹の底からって難しいし、しかも明日までに形にしなければならない。

ものをつくること、建築をつくるとは、こういうことなんだと初めてわかったような気がしました。頭じゃなくて、身体で考える。そのことを学びました。とても大変でしたが、何かをつかんだ気はしました。

四年勤めて、昭和四十四（１９６９）年に事務所を辞めました。そのころから、学生紛争が激しくなっていました。東大が封鎖になった年です。

辞める直前は、昭和四十五（１９７０）年の大阪万博に向けて、エキスポタワーの設計を菊竹さんの事務所でやっていて、担当していました。ところが、大学の同級生でも、まだ大学に残って全共闘の活動をしている連中がいて、夜、集会をやるから来いって言う。昼間はEXPOのために国の仕事をやって、夜は集会に行って、お前はお国の仕事をやってるのかと言われる。さすがに辛くなって、両方はできないと思ったし、万博もそんなに面白いとも思わなくなっていました。それで、菊竹さんには申し訳なかったのですが、途中で辞めさせてもらいました。同級生の月尾さんが、磯崎新さんのところで万博広場のロボットの設計をやっていたので、それを開幕前に見に行ったきり、開幕してからは一度も行きませんでした。

勤め始めた六〇年代の半ばころは、丹下さんを中心に、メタボリズム・グループ*が未来都市の絵を描いていました。菊竹さんも「塔状都市」とか「海上都市」とか、メタボリズムを象徴するような都市構想を発表していました。その夢の結晶が大阪万博だと思っていましたが、未来都市ってこんなものだったのかと夢がさめちゃった。六〇年代の夢から、現実に引き戻された気がしました。

＊メタボリズム
一九六〇年代に建築界を席巻した建築思想でありその運動。一九六〇年に開催された「世界デザイン会議」をきっかけに、当時の若手建築家である黒川紀章、浅田孝、菊竹清訓、槇文彦、大高正

人、デザイナーの榮久庵憲司、粟津潔、評論家の川添登たちがメタボリズム・グループを結成。社会の変化や人口の増加などに合わせて、有機的に成長し代謝する都市や建築を提唱した。

公共建築をつくるということ
――「せんだいメディアテーク」から「新国立競技場」まで

住宅ひとつで社会を批判する

菊竹事務所を辞めてはみたものの、何のあてもない。万博が終わって、ずっと右肩上がりできた日本の経済成長が止まって、景気も悪い。仕事も全くないような時代に、自分で設計事務所を始めました。同じようなことを考えた同世代の人たちがまわりにたくさんいましたから、こんなもんかなとわりあい楽天的でした。

事務所をつくって、「アルミの家」(1971年)という住宅を設計して、それを雑誌で見たという広島工業大学の学生だった石田敏明《いしだとしあき》が、夏休みに突然、東京駅から電話をかけてきました。「伊東さんとこで働かせてください」「来ても何も仕事はないよ」って言ったら「もう東京駅にいます」。そのまま居座っちゃって、帰らない。彼の先輩の村上徹《むらかみとおる》が、内井昭蔵《うちいしょうぞう》さんの事務所にいて、夜になると村上さんもうちの事務所にやってきて、外に飲みに行くお金もないので、サントリーの「角瓶」を飲みながら朝まで話すという時期がありました。「ダルマ（サントリーオールド）」は、まだ高級でした。

そのあとに、「中野本町の家」（1976年）ができたころから、坂本一成《さかもとかずなり》とか、石山修武《いしやまおさむ》、山本理顕《やまもとりけん》、石井和紘《いしいかずひろ》、菊竹事務所時代の戦友だった長谷川逸子《はせがわいつこ》、関西の毛綱《もづな》モン太《た》（毅曠《きこう》）、渡辺豊和《わたなべとよかず》といった同世代の建築家たちと、みんなでよく飲むようになりました。

僕らの上の世代、黒川紀章さんや磯崎新さんたちはすでに、六〇年代に自分たちで事務所を始めて公共の仕事をしていました。僕らは遅れて始めたので、そういうチャンスが全くない。それがうらやましくて、酒を飲むと、先輩たちの作品の批判ばかりしてました。こんなもん、オレたち片手でできちゃうよって言いながら酒を飲む。もう、ひどかったです。お互いの設計もけなし合う。石井和紘さんなんかは若いのに、

1979年頃。東京・南青山のFビルにあった事務所で、初期のメンバーと。

直島《なおしま》で公共の仕事をひとりでやっていて、僕らはときどき住宅の設計をやるくらいだから、悔しくて仕方がないわけです。

同世代どうしは言い争っていながら、上の世代に対しては結束するという、仲がいいような悪いような。槇文彦《まきふみひこ》さんが、そんな僕ら世代の建築家に「平和な時代の野武士」とあだ名をつけた。それに対しても、「上から目線だよな」って言い合ってました。

当時僕らは、建築をつくることは、世の中を批判することだと思っていました。言い方をかえれば、住宅ひとつでだって社会を批判できる、建築全般を批判できるんだと信じていた。そのことは、篠原《しのはら》

1982年、同世代の建築家たちと台湾にて。
後方・六角鬼丈（右）、石山修武、手前・長谷川逸子（右）の各氏。

一男《かずお》さんから教わった気がします。

それまでの住宅作家と呼ばれた清家《せいけ》清《きよし》さんとか増沢洵《ますざわまこと》さんに対して、篠原一男さんは「美しい」ということを最大の武器に建築界に登場して、住宅の設計しかしてなかったけれど、住宅によって公共建築を批判できる、大きな建築に対抗できることを教えてくれた。そのことで、僕らも住宅しか仕事がないけれど、社会に太刀打ちできる、対抗できるんだっていう気持ちでいました。

七〇年代は篠原さんに勇気をもらって、批評精神を鍛えられました。本来、批評するようなタイプの人間じゃなかったはずなのに。仲間がよかった（悪かった）

のかもしれません。

「八代市立博物館」の教訓

八〇年代になっても、相変わらずたいして仕事はなかったけれど、商業建築を少しやるようになりました。心のなかでは、公共の仕事をやりたいと思っているわけですが、いまほどコンペティションはない時代でしたし、たまにやっても負ける。このまま住宅や商業建築の設計をしながら、十人くらいの事務所を生涯続けるのかなと思ってました。それはそれで、そんなに悔しいとも思ってはいませんでした。

当時、石山修武さんと、そのころ気になる建築家を集めて、徹底的に話し合う会をやろうと仕組んだことがあります。磯崎新さんの家に、磯崎さん、篠原一男さん、安《あん》藤忠雄《どうただお》さんほか、僕らの世代の建築家など全部で十人くらい。それがなぜか磯崎批判になってしまい、最初はニコニコ聞いていた磯崎さんが、だんだん不機嫌になって、「住宅ばっかりやってるような建築家は、西欧では建築家と呼ばれないんだぞ」と言い出した。そのころ、僕らはもちろん、安藤さんも篠原さんも住宅しかやってないから、それはないだろうということになり紛糾。とても面白い会でした。住宅だけやっていても建築家とは言えないという磯崎さんの言葉は、のちに実感することになりました。

八〇年代の半ば頃は、バブル景気で日本全体が浮かれてるような時代で、何というか、楽しかったですね。一番、飲んでた時代です。七〇年代の、悔しい飲み方とは違う酒です。あの時代の東京が、僕は好きでした。町も、人も、今より元気だった。すべてに現実感がなくて仮設的というか、夢のなかで何かが動いているような時代だった気がします。

だから、自分の建築をそういう存在感のないものにしたい、と考えるようになりました。軽いとか、透明とか、風に舞ってるようなとか。そういう言葉で表現する建築を考えていました。

そのころ、「消費の海に浸らずして新しい建築はない」(「新建築」1989年11月号掲載)というタイトルの文章を書きました。いまでもよく、時代を象徴するエッセイとして建築の世界では引き合いに出されますが、あれは、消費の海に巻き込まれているような建築、ふわふわしている建築をつくっていてもしょうがないみたいなことを言う旧態依然たる建築家たちに対して、そこで勝負をしない限り建築家として戦えない、みたいなことを言ったわけです。そこに浸り切ってしまったらダメだけど、そこで波乗りしているような建築はできないか。そこに挑むことは、僕にとっては楽しいことでもありました。

その延長で「八代《やつしろ》市立博物館・未来の森ミュージアム」（1991年）を設計しました。五十歳にして、初めての公共建築でした。軽い屋根のふわふわしたような、存在感のないものをつくろうとして、ある程度、表現としては実現できたのですが、公共の仕事は違う土俵なのだということを痛感しました。

内部のプログラムに踏み込まないと、本当にやりたいことは実現できない。博物館に照らしていえば、展示の内容にまで関わっていかないと対抗できない。平たくいうと「お前は外側だけやっといてくれたらいいんだよ、中身はほかと同じものでいいんだから」と言われたような気がして、悔しい気持ちが残りました。そこを変えない限り、公共建築は面白くならない。そこからまた、闘争精神が湧きあがりました。

ただ、八代や熊本の人たちはあたたかい人たちで、すごく歓迎を受けて、いい関係を結べたことが縁となり、その後の「みんなの家」の活動につながります。いまは

最初に設計した公共施設「八代市立博物館・未来の森ミュージアム」。
くまもとアートポリスの初代コミッショナー磯崎新氏の推薦で設計することになった。

「くまもとアートポリス」*のコミッショナーとして熊本に通っています。

＊くまもとアートポリス
一九八八年、熊本県知事の細川護熙氏（当時）の肝煎りで始まった建築文化事業。コミッショナーが設計者を参加事業主に紹介する方式で公共建築を建てる。初代コミッショナーは磯崎新、二代目は高橋靗一《たかはしていいち》、三代目は伊東豊雄の各氏。

「メディアテーク」って何だ？

九〇年代から、公共の仕事に参画できるようになりました。

やがて「せんだいメディアテーク」（２０００年）のコンペティションがあり、千載一遇のチャンスだと思いました。

このコンペティションが画期的だったのは、「メディアテーク」って何？　と審査委員長の磯崎新さんが問いかけるところから始まったことです。役所が当初考えたのは、図書館と市民ギャラリーと、いくつか小さなプログラムの組み合わせの複合施設だったと思います。普通だったら、○○文化センターみたいな言い方でコンペティションになるんでしょうけど、磯崎さんが「メディアテーク」と言おう、そして「メディアテーク」とは何であるかを提案してほしいと訴えたのです。こんなチャンスはない、絶対に勝ちたい、と思いました。

それまでに、八代市立博物館や、下諏訪町立諏訪湖博物館の設計を通して、これではダメだと思っていたところだったので、なおさらそういう気持ちになったんだと思います。

僕はこの「メディアテーク」というお題に対して、来た人が自由に過ごせる「場所」をつくろうと考えました。一階から七階まで、基本的に同じ平面からなるフロアで、そこに、中が空洞になった透明の太いチューブ状の柱を不規則に配置する。このチューブ状の柱は、言ってみれば公園における樹木のような存在で、その下で昼寝をしてもいいし、本を読んでもいい。新たな出会いもあるかもしれない。用事があってもなくても、そこに来て、思い思いの時間を過ごせる場所になってくれたらと考えました。この提案は、「今後市民の方々と一緒に協力しながら、さらにこのコンセプトに基づいて新しい建築の形にまとめあげていただきたい」というコメント付きで、一

公共建築のあり方を、町に対しても、市民に対しても、建築界に対しても問い直すきっかけとなった「せんだいメディアテーク」。

等に選ばれました。

実際に、この建築を形にしていくためには、関わるすべての人に意図を理解してもらう必要がありましたし、なかなか苦労も多かった。一見、無駄にも見える太く複雑な形状の柱は、本当に必要なのか、わかってもらわなければならない。それは工事をする人たちにとっても、いままでつくったことのないものです。そこに込めた意図を根気よく共有する過程を通して、やがてそこに関わるすべての人の「自分たちはいまだかつてない新しいものをつくっているんだ」という自負に変わっていきました。そのことには、大きな意味がありました。

そして完成してから市民の人たちは、予想以上に、この場所をうまく使ってくれて、お年寄りも学生も、子連れのお母さんもお父さんも、あらゆる年齢の人が集う場所になっています。町の人の流れも変わりました。

「せんだいメディアテーク」をつくったことは、僕にとっても大きな転換点になりました。建築は、つくることそのものがコミュニケーションであり、そのプロセスにこそコミュニティは生まれると考えるようになりました。

しかし、いま「せんだいメディアテーク」のようなコンペティションを、日本の社

「せんだいメディアテーク」は、図書館やギャラリー、スタジオなどを備えた複合施設で、市民が思い思いに過ごせる場所として活用されている。

会で行うことは非常に難しい。無理だといってもいいでしょう。日本の公共建築をつくるための仕組みは、ひどいことになっています。

最近の公共建築ではＰＦＩ*（プライベート・ファイナンス・イニシアティブ）という方式が導入されて、国や地方自治体がクライアントになって行うケースが増えています。この方式では、参加の時点で施工をするゼネコンや運営する企業まで決めて、そのチームでないと応募できないようになっています。デザインコンペティションでありながら、どこか一社が欠けるだけで提出すらできない。早い話が、いまどきの公共施設は民間に丸投げです。

先日も、一年がかりで進めてきた地方都市の大きなプロジェクトを、提出の一週間くらい前になって、運営チームがこれではできないから降ります、と言ってきて提出できませんでした。通常の設計コンペティションより、はるかに要求事項も多いので、ものすごく頑張って進めてきたのに本当に残念でした。

つまり、施設における建築デザインの点数、評価がとても低い。運営は大丈夫か、期限内にできるのか。そこがクリアできれば、デザインは二の次でいいのです。

世間を騒がせた「新国立競技場」は、まさにそういうコンペティションでした。

結局、僕は三回「新国立競技場」に関するプランをつくって、三回ともに負けました。三連敗。その悔しさが、いま建築をつくる原動力になっています。

＊ＰＦＩ (Private Finance Initiative)
公共施設などの設計、建設、維持管理、運営に、民間の資金と経営能力などを活用し、公共サービスの提供を民間主導で行う考え方。一九九二年に英国で導入されてから、世界に広がっている。

納得のいかない負け戦「新国立競技場」

「新国立競技場」は、二〇一二年に最初のデザインコンペティションが開かれました。審査委員長は安藤忠雄さんで、このとき、ザハ・ハディドさんの案が一等になりました。最終審査に残った十一案のうち、法規や予算を守ったのは僕らの案だけでしたが、惨敗しました。まだ、二〇二〇年のオリンピックの招致が決まる前で、派手な表現が求められたのでしょう。

その悔しさもあったし、ザハの案がいいとも思えなかった。あんなにお金がかかるなら、現存しているスタジアムを改修して使えばいいじゃないか、と思っていました。

どうすれば現存するスタジアムを生かしつつ、新しいスタジアムとしての諸条件を満たすことができるか。新築するよりどれだけコストが抑えられるかなど、具体的な改修案もつくって、シンポジウムで発表したり、大会組織委員会会長の森喜朗元首相や文部科学大臣の下村博文さん（当時）など、関係者何人かにも手紙と一緒に送りました。でも、それについて、全く反応はなし。なしのつぶてです。

しかもスタジアムを壊す前に議論をすればいいのに、全く議論なしに壊してしまった。理不尽だと思いました。

それでさらに、悔しい思いが募りました。ザハの案がご破算になって、ふたたびコンペティションが行われることになったとき、なんとかしてもう一回挑戦したいと思いました。ゼネコンと組めなかったら、僕たちだけで案を発表したいというくらいに思っていました。

二〇一五年の二回目のコンペティションは、大成建設、梓設計と組んだ隈研吾《くまけんご》さんのAチームに対して、竹中工務店・清水建設・大林組・日本設計と組んだわれわれBチームの一騎打ちとなりました。

最初から、勝ち目はないと聞いていました。そして実際に負けたわけですが、なんとも納得のいかない負けでした。

大成建設は、ザハの案のときから施工を請け負うことになっていましたから、大成と組むことがすなわち勝利への切符を手に入れたくらい有利だと言われていました。国交省からの内閣総理大臣補佐官がすべてを仕切っていて、すべては彼のストーリーどおりに進んでいくのだろうというのは薄々わかっていたのですが、それでも挑戦したかった。

ほかのゼネコンもそれをわかっていますから、竹中工務店に話を持っていったときにいい顔はされなかったのですが、でも、コンペティションに参加しないわけにはいかないという感じでした。僕らは、構造設計家の佐々木睦朗《むつろう》さんともう案をつくっていて、「これでやりたい!」と見せたら、竹中工務店の会長が「こんなにシンプルな提案ができるのなら」と言って、登録の数日前に「一緒にやりましょう」と言ってくれました。

さらに「やるからには頑張りましょう」と、会長が自ら三日にあげず設計室に顔を出して、スタッフがこんなことはありえないと驚いていました。それくらい力を入れてくれて、実際にチームに参加した人たちも、ものすごくやる気になってくれました。提案は信じ難いくらい密度の濃いドローイングでした。

結果を出す直前、予備投票が行われたと審査員から聞きました。でも、この予備投票の結果は会議前の投票だからという理由で、審査員にも知らされなかったそうです。デザインの点数では、われわれBチームが勝っていました。工期もコストも、遜色ありませんでした。

完成されたスタジアムの凡庸さを見ると悔しさが蘇ってきます。あまりにも政治色の濃いレースだったと、いまでも思います。

終わったあとに、僕らより先輩の何人かの建築家が、あれはないだろうと安倍首相にまで手紙を送ったと言ってくれましたが、若い建築家たちは無反応。このような結果が、結局は、若い世代の建築家たちにとって自分たちの世界をますます狭くすることになるのにと思います。さまざまな国会での論争を見ていると、現在の日本の政治家と官僚のお粗末さを他人事には思われないように感じます。日本に元気がなくなっている証《あかし》でもあり、情けない国になってしまったと思います。

公共建築の問題は、それを利用する人と、それを設計する人の間に、自治体という官僚組織が存在していて、その官僚組織が衰退していることにあると思います。国を筆頭に、地方自治体もそうです。

こうあってほしいという住民の気持ち、特に女性は意識がすごく進んでいると思いますが、それが反映されない。どうやって官僚を説得しながら、直接利用する人とコミュニケーションをとれるか、そこを探っていくしかないのです。

地方都市にはまだ可能性があるような気がしていて、いま僕らがやっている仕事の大半は地方都市での公共建築の設計です。大都市になればなるほど、住民との関係は切れてしまっている。

いまの東京で公共建築をつくることは至難の業だと思います。基本的に東京は、経済優先で動いている。行政も、建築家はめんどうなことを言うヤツらだと思っていて、大きな組織の設計事務所に頼る傾向が強い。自治体は彼らに頼めば言うことを聞いてくれるし、自分たちも楽だと思っている。だから今度のオリンピックも、「新国立競技場」だけはかろうじて、われわれも参加できるコンペティションになりましたが、ほかの施設は知らないうちにつくられていました。ほかの施設はほとんどすべて大手組織設計事務所が担当していました。どこが設計したのか、僕らですら知りません。どういうふうに決まったのかも、わからない。

組織事務所は不思議な存在で、クライアントの言うことを聞いてるようでいて、一方では建築家の集団でもあるので、自己主張があるようなないような、本質が見えない。そういう組織が特に大都市の建築デザインの大半を担っているから、日本は建築家のイメージが曖昧になっているのです。

ゼネコンの施工技術は世界でも最高レベルですから、個の思想の曖昧な建築が次々にできるのはもったいない限りですね。

美しい建築に人は集まる
――大三島のおだやかな海を見ながら考える内なる自然

ひょうたんから伊東豊雄建築ミュージアム

いま、どういう建築をつくりたいか。

ひとことで言えといわれれば、美しい建築をつくりたい。それにつきます。

いつからか、建築が美しいとか、あれは美しい建築だというようなことを、人はあまり言わなくなった。コンセプトという言葉で、建築を語るようになった。それは、都市の理屈で建築を考えているからではないかと思います。

僕自身、建築を考えることは、都市を考えることだと教えられてきたし、そう思っ

愛媛県今治市大三島町浦戸にある「今治市伊東豊雄建築ミュージアム」。手前が新たに復元した「シルバーハット」、右手奥に展示パビリオン「スティールハット」が建つ。
撮影＝藤塚光政（76 〜 91ページ）

てきました。東日本大震災のとき津波で流された町に行って初めて、都市ではないところに住んでいる人たちと出会って、都市ではない町の可能性から建築を考えるようになりました。

愛媛県の大三島《おおみしま》に通うようになったのも、ちょうどそのころです。

最初に大三島に行ったのは二〇〇四年頃で、「ところミュージアム大三島」のオーナー所敦夫《ところあつお》さんから、銀座でギャラリーを営む長谷川浩司さんを通して、ミュージアムのアネックスを設計してほしいという依頼を受けたことがきっかけです。所さんの寄付によって町が運営する予定のミュージアムで、「ところミュージアム大三島」のすぐ下の敷地に計画を考え始めていたら、市町村合併で、大三島町が今治《いまばり》市に合併されるというので、二年ほど話が中断しました。

当時僕は、自分の設計だけではなく、若い人を育てる仕事をしていきたいと考え始めていて、そんなことを所さんにも話したら、「ここでやったらいいじゃないか」と言う。場所を貸してくれるんだろうと思っていたら、そうではなくて「設計中のミュージアムを、伊東豊雄のミュージアムにすればいい」と言われてびっくりです。さらに大三島町を合併した今治市の議会が、それはいい話じゃないかと承認したので、引

上・「シルバーハット」室内。大橋晃朗さんデザインの家具は、実際に使っていたもの。
下・1階は「伊東豊雄建築アーカイヴ」として、棚には150件以上のプロジェクト図面などが納めてあり閲覧できる。構造となる部材は、すべてつくり直して新築した。

かつて「シルバーハット」は、「中野本町の家」の裏に建っていた。

くに引けなくなりました。まさか自分のミュージアムができるとは思っていませんでしたし、おこがましい気持ちでいっぱいでしたが、こんなことは一生に二度とないだろうと、ありがたく受けることにしました。

そんな経緯で、平成二十三（２０１１）年七月に「今治市伊東豊雄建築ミュージアム」はオープンしました。みかん畑に囲まれた傾斜地で、目の前に鏡のように静かな瀬戸内海が広がる、とても眺めのいい場所です。所さんが寄付した資金でつくった「スティールハット」と名付けた展示のパビリオンと、僕が寄付した「シルバーハット」の二棟が建っています。

東京の中野にあった「シルバーハット」（1984年）は僕の自宅で、八六年に日本建築学会賞を受賞した、ある意味出世作です。永年、家族で住んできましたが、前妻が病で亡くなり、娘も結婚して家を出ていきましたから、もう必要がなくなった。それならミュージアムに寄付して公共のものにすれば、若い人も見られると思いました。当初は、屋根のフレームも全部部材を解体して持っていくつもりでしたが、錆びついていて、結局、つくり直しとなりました。そのまま持っていったのは、大橋晃朗《おおはしてるあき》さんの家具くらいです。

それと前後した時期に、東京で「伊東建築塾」を開講しました。塾生たちとも大三島を訪れるようになり、彼らがとてもこの場所を気に入って、僕は彼らに背中を押されてこの島に通うようになりました。

文字通り、屋根と外壁は鉄板で仕上げた「スティールハット」。

「スティールハット」では、2019年7月から20年6月まで島での活動を紹介する企画展「聖地・大三島を護る＝創る2019」展を開催した。

ライフスタイルのモデルケースに

大三島は、人口六千人ほどの島で、その半分が六十五歳以上のお年寄りです。島の西岸に、鷲ヶ頭山《わしがとうざん》を神体山とする大山祇《おおやまづみ》神社があって、境内には天然記念物の立派な楠があります（六ページ参照）。最初に広島県の忠海《ただのうみ》港から船で大三島に渡ったとき、海の上からこの島を見て本当にきれいだと思いました。

諏訪湖のほとりで育った僕にとって、波のない瀬戸内海のおだやかな海は、ほっとして心なごむ風景でもありました。

塾生たちも最初はここで何をしようということでもなく、島の美しさにひかれて通うようになり、移住する塾生も現れました。

参道の一角に、いまは個人の持ちものになっている、元は法務局として使われていた古い木造の小さな建物があり、ここを僕らで借りて「みんなの家」をつくることにしました。内装をみんなで修復して、町の誰もが立ち寄れる集会所として二〇一六年五月に完成。翌年四月には、塾生のひとりが大三島に移住することになり、いま「みんなの家」でカフェと雑貨の店をやっています。

島の西側、宮浦にある大山祇神社。山の神、海の神、戦の神である大山祇命を祀る。島の信仰の中心だった。

ここの改修のときは、見よう見まねで壁を塗っていましたが、建築塾に左官のプロが講師として参加してくれるようになりました。彼は横浜の出身ですが、大三島に左官のお父さんが暮らしています。地元の元小学校を宿泊施設「大三島　憩《いこい》の家」として改修するときは、彼らが指導してくれて、大三島の土を使って島の高校生たちも手伝って壁を塗りました。

愛媛県立今治北高校大三島分校は、二〇一九年の四月に定員の三十人を切ったら廃校になるといわれていましたが、われわれもお手伝いして、存続できることになりました。

大山祇神社の参道の一角にある「大三島　みんなの家」。
1階はカフェと雑貨の店になっている。

島の高台にある葡萄畑。「大三島みんなのワイナリー」は、伊東氏が代表をつとめ、島に移住した川田佑輔さんたちが運営する。

そんななかで大三島でワインをつくりたいという若者も現れ、彼はやはり島に移住して「みんなの家」で働いていた女性と結婚して、ワインづくりに専念しています。高齢化で維持できないという農家からみかん畑を借りて、葡萄に植え替えて、昨年（２０１９年）は、四年目にして約二千数百本のワインを出荷しました。

そんなふうに、僕たちの周辺でも島に移住する若い人が少しずつ増えてきて、あきらかに大三島は変わってきているようです。

この島の最大の魅力は、なんといっても近代化に侵されていないことです。本

初出荷のワイン。ラベルは伊東のイラスト。

来あればいい、必要最低限のことで生活が成り立っているのがいいところです。観光地になって賑わってほしいわけではない。自然と接しながら暮らしたいという、これからの若い人たちの、ひとつのライフスタイルのモデルケースになるといいと思っています。

末は大三島？

　こうした取り組みも、言ってみれば僕らが勝手にやっていることで、行政や誰かに依頼されたわけではありません。
　釜石の復興に関わりたかったけれど、それができなくて敗北感にさいなまれていたころ、大三島にミュージアムができた。この島で、何かやってみたいと思いました。

ありていに言えば、都市ではない地域の問題に取り組めるのかもしれないと思ったのですが、それはそれで、昔から住んできた人にとってはよけいなお世話に感じられたようです。

大半は高齢者ですから、彼らは十分幸せで、よけいなことをしてもらわなくてもいいと最初は思われていました。地方の人は外から来た人に対しては警戒心が強いですから、大三島でもそうでした。

ただ、移住する人が出てきて、パン屋さんを始めたり、地ビールをつくり始めたりするようになると、戻っていかずに根を張る気があるんだという信頼が、少しずつ生まれてきました。ワイナリーをやっている川田さんには子どもも生まれて、もはや土地の人です。

東京から来て地域をどうこうしようなどというのは、たしかによけいなことかもしれない。でも、島をこのまま放っておくと、若い人は出ていって戻ってこない。残る人はひたすら歳をとって、みかんの栽培もできない状態になっている。限界集落に近づいています。「瀬戸内しまなみ海道」が開通したことで、むしろ島はさびれてきたと、先日もタクシードライバーが話してくれました。

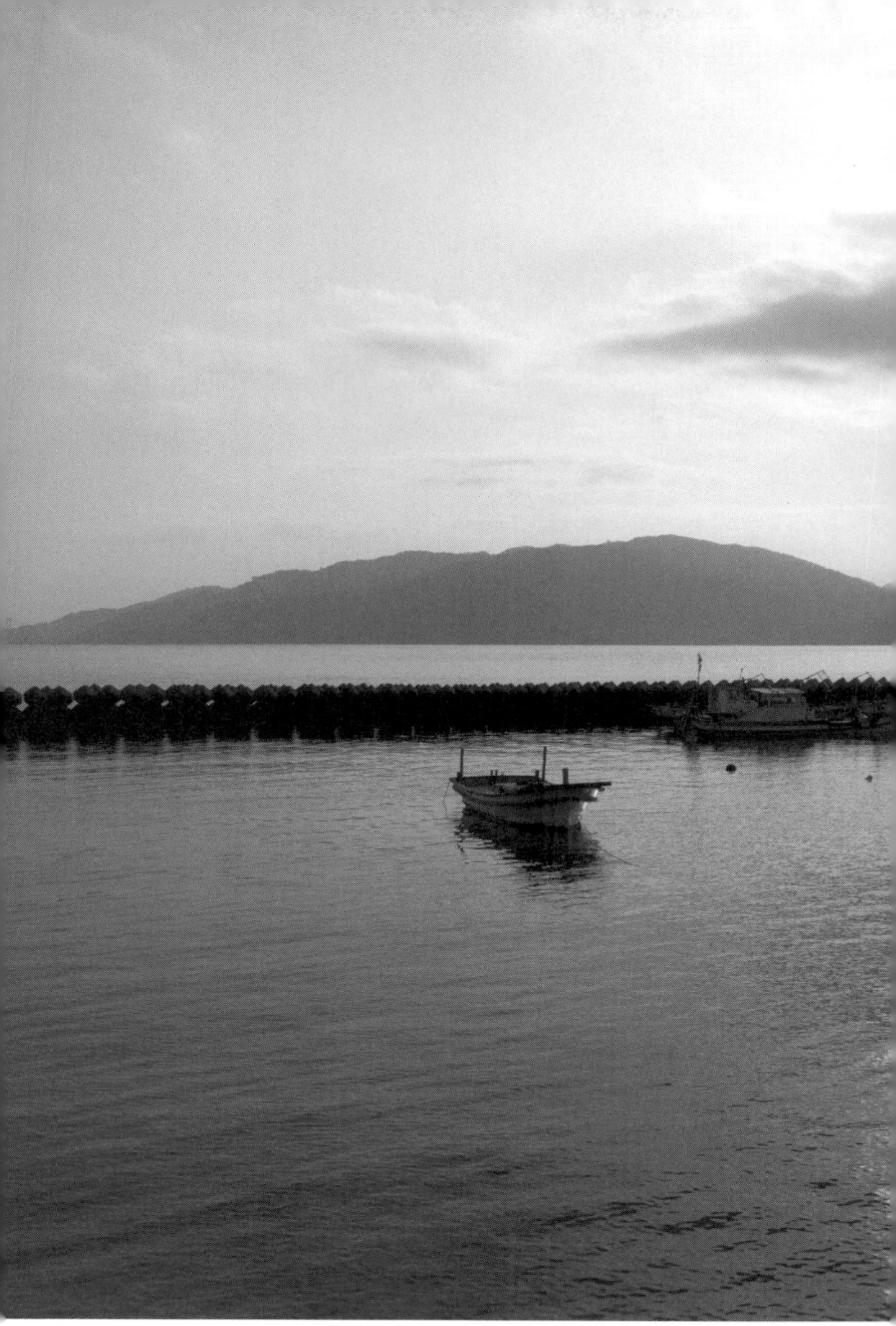

波の静かな大三島の海。黒鯛を釣る舟が浮かぶ

僕自身は、将来、大三島に家を建てて、東京と往復しようかなと思っています。でも日々の仕事に追われて具体化していません。土地もすでに購入してあるのですが、いつになることやら。

もうちょっと建築にこだわりたい

これからの建築は、人と自然と建築との関係を、もう一回どう組み直すか。再編するか。そこにかかっていると思っています。

いまはもう、近代以前に戻ることはできない。では、近代主義の時代を超えた先に、自然との関係を回復した建築はどのように可能だろうかと考えたときに、僕は「内なる自然」ということをテーマにしています。

中沢新一さんのエッセイ集『雪片曲線論』のなかの「建築のエチカ」という、チベットで密教寺院を建てるときの文章がヒントになっています。それはチベットの土地に寺院をつくるときに、自然に囲まれたチベットの人々ですら、自然のシステムそのものでは建築をつくることはできなくて、幾何学を用いる。そして幾何学を用いてつくった建築であるにもかかわらず、内部に入ると、そこには自然が蘇っている、というのがこのエッセイの核になっています。

それは外部の自然とは違うけれども、五感にアピールしてくるもうひとつの自然。それを中沢さんは、母体の内部にいるようだという表現を使っています。その内部の自然とはどのようなものなのかが、ずっと気にかかっています。

つまり、どこにでもある自然とは違って、人の手を加えてつくられたもうひとつの自然ならば、現代のわれわれも考えられるんじゃないかと思います。たとえば写真家の畠山直哉《はたけやまなおや》さんが自然の写真を撮ったとき、そこに表現された自然は、彼の内部にある精神が生み出した自然であるように。

同じことを建築でもできないか。抽象化されているからこそ、多くの人が共感してくれるような空間をつくることができると思うのです。

「せんだいメディアテーク」（２０００年）は、「内なる自然」を考え始めた時期で、最もうまくいったプロジェクトだと思います。

岐阜市にある複合施設「みんなの森　ぎふメディアコスモス」（２０１５年）や、「台中国家歌劇院」（２０１６年）も、もうひとつの自然を実現できた手応えのある作

「みんなの森 ぎふメディアコスモス」2階の岐阜市立中央図書館。
グローブの下には自然とたくさんの人が集まってくる。撮影＝中村 絵

品です。訪れた人が、自然のなかにいると思うかどうかは別にして、本を読むわけでなくても、オペラを聴くわけでなくても、ともかく人がよく集まる場所になっています。それは、便利だからでもないし、機能的によくできているからでもない。これらの作品に共通するのは、いずれも自分の身体的表現ができていることだと思います。人々の共感を得ることができるのは、身体を通じてのコミュニケーションが成り立っているからです。

それを美と言っていいかどうかわからないけれど、そういう空間を追求していくと、コミュニティとかまちづくりとか言っているよりも、説得力があるんじゃないかという気がしています。

五感に訴えかける美しい空間をつくることができたら、おのずと人は集まってくる。ひとりよがりに終わることなく、個を超えられるか。共感を呼べるかどうかが勝負どころで、人々からなんでこれが？　と言われてしまったらおしまいです。そのためには、いかに自分が、頭で考えるのではなく身体のなかから、腹の底から建築をつくれるか、だと思います。

僕らが設計事務所を始めた七〇年代は、ちょうど日本が変わるときで、批判をエネルギーにしながら建築をつくり始めました。でも一方で、建築をつくることは、人々のため、社会のためにあるべきものなのに、どうして批判をエネルギーに建築をつくらざるを得ないのか。矛盾していると、ずっと思っていました。そして九〇年代になって公共建築に関わるようになったら、自治体に対する批判ばかりをすることになる。どうやったら、ポジティブに建築を考えていくことができるか、どうやってそのギャップを埋めることができるかは、僕の大きな課題でした。

いま若い建築家たちを見ていると、シェアハウスやシェアオフィスの仕組みづくりや、古い空き家の改修にはポジティブだけれど、美しいものをつくろうという気はないようにも見えます。美に対しては無関心かもしれないし、諦めているのかもしれない。シェアハウスとかシェアオフィスなどを通して、家族のあり方やプライバシーという概念を変えていく取り組みは、ラディカルに社会を変えていくし、面白いことだと思ってはいますが、僕はもっと建築の美にこだわりたい。

近代化が今後どのように展開されていっても変わらない、そして、新しい現代の美しい建築に挑み続けていきたいと思います。

いくら外出自粛をするように言われても、昼間のカフェは満席である。身の危険を賭しても人は家に籠っていられない。人はやはり人に会わないと安心出来ない。建築は人の集まる場所をつくる仕事なのだと改めて思わずにいられない。

略歴

一九四一年 〇歳 六月一日、京城（現在のソウル）に生まれる。三井物産の傍系の製糸会社につとめる父・伊東槇雄と、母・ヨ子《ね》の、末っ子の長男として誕生。姉がふたり。

一九四三年 二歳 母親、姉とともに、父親のふるさとである、長野県諏訪郡下諏訪町に転居。

一九四五年 四歳 敗戦の前に父親が帰国、下諏訪にバラックを建てる。

一九四八年 七歳 小学校入学。

一九五一年 一〇歳 父親が諏訪湖畔に家を建てて、味噌屋を始める。諏訪湖をながめながら毎日を過ごす。家には温泉が引かれており、朝に晩に入浴する習慣が身につく。

一九五三年 一二歳 父親が亡くなる。親族が百部限定でつくった遺稿集『青華』に、「父」と題した作文を書く。

一九五四年 一三歳 諏訪の中学校に入学。野球に熱中する。

一九五六年 一五歳 高校受験を前に、東京の大森六中に転校する。

一九五七年 一六歳 東京都立日比谷高校入学。母親が、東京・中野に家を建てる。設計は芦原義信。

一九六〇年 一九歳 日比谷高校卒業。東京大学文科一類（法学部）を受験するも不合格、一年間浪人。夏に理系に進路変更。

一九六一年 二〇歳 東京大学理科一類（工学部）に入学する。

一九六二年 二一歳 専攻を決めるにあたって、消去法で建築学科を選択。

一九六四年　二三歳　夏休みに菊竹清訓建築設計事務所にアルバイトに行き、建築の面白さに目覚める。大学卒業後、菊竹事務所に行くことを希望し了承を得る。

一九六五年　二四歳　東京大学工学部建築学科卒業、卒業計画賞受賞。菊竹清訓建築設計事務所に入所。東急田園都市線の丘陵地帯の開発プロジェクト「ペアシティ」などを担当。

一九六九年　二八歳　菊竹清訓建築設計事務所を退職。

一九七〇年　二九歳　三度目の受験で、一級建築士資格試験に合格。

一九七一年　三〇歳　結婚。株式会社アーバンロボットURBOT設立。独立後、最初の建築「アルミの家」（神奈川）完成。

一九七六年　三五歳　姉の家「中野本町の家」（東京）を設計、自宅前の敷地に竣工。日本航空チケットカウンター指名設計競技一等。

一九七八年　三七歳　「PMTビル――名古屋」（愛知）竣工。

一九七九年　三八歳　株式会社伊東豊雄建築設計事務所に改称。

一九八一年　四〇歳　共訳書『マニエリスムと近代建築』（彰国社）。

一九八四年　四三歳　中野の自宅を壊した跡地に、「シルバーハット」（東京）竣工。八一年に竣工した「笠間の家」（茨城）で第三回日本建築家協会新人賞受賞。

一九八五年　四四歳　「東京遊牧少女の包」（東京）を発表。

一九八六年　四五歳　「シルバーハット」で一九八五年度日本建築学会賞作品賞を受賞。日本建築学会の会長・芦原義信氏（当時）から、「オレが設計した家を壊して建てたな」と言われながら表彰を受ける。「横浜風の塔」（神奈川）、「レストランバー・ノマド」（東京）竣工。

一九八九年　四八歳　「サッポロビール北海道工場ゲストハウス」（北海道）竣工。「消費の海に浸らずして新しい建築はない」と題したエッセイを「新建築」一一月号に執筆。著作『風の変様体』（青土社）。

一九九〇年　四九歳　「サッポロビール北海道工場ゲストハウス」で、第三回村野藤吾賞受賞。「中目黒Ｔビル」（東京）竣工。

一九九一年　五〇歳　初の公共建築「八代市立博物館・未来の森ミュージアム」（熊本）竣工。

一九九二年　五一歳　「八代市立博物館・未来の森ミュージアム」で毎日芸術賞受賞。著作『シミュレイテド・シティの建築』（ＩＮＡＸ出版）。

一九九三年　五二歳　「下諏訪町立諏訪湖博物館・赤彦記念館」（長野）、「松山ＩＴＭビル」（愛媛）竣工。

一九九五年　五四歳　「八代広域消防本部庁舎」（熊本）竣工。

一九九六年　五五歳　「長岡リリックホール」（新潟）竣工。

一九九七年　五六歳　「大館樹海ドーム」（秋田）竣工。

一九九八年　五七歳　「大館樹海ドーム」で一九九七年度芸術選奨文部大臣賞受賞。著作『中野本町の家』（共著、住まいの図書館出版局）。

一九九九年　五八歳　「大館樹海ドーム」で第五五回日本芸術院賞受賞。「大社文化プレイス」（島根）竣工。

二〇〇〇年　五九歳　「桜上水Ｋ邸」（東京）、「せんだいメディアテーク」（宮城）竣工。著作『透層する建築』（青土社）。

二〇〇二年　六一歳　英国ロンドンのハイドパーク内の、仮設のイベント施設「サーペンタイン・ギャラリー・パビリオン２００２」を設計、期間限定でオープン。「ブルージュ・パヴィリオン」（ベルギー）竣工。

二〇〇三年　六二歳　「せんだいメディアテーク」で二〇〇三年度日本建築学会賞作品賞受賞。「みなとみらい線元町・中華街駅」（神奈川）竣工。

二〇〇四年　六三歳　「まつもと市民芸術館」（長野）、「TOD'S表参道ビル」（東京）竣工。

二〇〇五年　六四歳　「福岡アイランドシティ中央公園　体験学習施設ぐりんぐりん」（福岡）、「MIKIMOTO Ginza 2」（東京）竣工。長野のまつもと市民芸術館で上演の「フィガロの結婚」の舞台装置を手がける。くまもとアートポリス第三代コミッショナーに就任。著作『みちの家（子どもたちに伝えたい家の本08）』（インデックス・コミュニケーションズ）。

二〇〇六年　六五歳　「瞑想の森　市営斎場」（岐阜）、「VivoCity」（シンガポール）、「コニャック・ジェイ病院」（フランス）、「バルセロナ見本市グランヴィア会場拡張計画」（スペイン）竣工。「伊東豊雄　建築――新しいリアル」展開催（東京オペラシティアートギャラリー）。王立英国建築家協会（RIBA）ロイヤルゴールドメダル受賞。「せんだいメディアテーク」で第一〇回公共建築賞（国土交通大臣表彰）文化施設部門受賞。著作『けんちく世界をめぐる10の冒険』（彰国社）。

二〇〇七年　六六歳　「多摩美術大学図書館（八王子）」（東京）竣工。

二〇〇八年　六七歳　「座・高円寺」（東京）竣工。二〇〇八年度第六回オーストリア・フレデリック・キースラー建築芸術賞受賞。

二〇〇九年　六八歳　「二〇〇九高雄ワールドゲームズメインスタジアム」（台湾）竣工。マドリード美術協会（CBA）金メダル受賞。

二〇一〇年　六九歳　「トーレス・ポルタ・フィラ」（スペイン）、「ベルビュー・レジデンシズ」（シンガポール）竣工。「伊東建築塾　NPOこれからの建築を考える」を発足。二〇〇九年度朝日賞、第二二回高松宮殿下記念世界文化賞受賞。『NA建築家シリーズ　伊東豊雄』（日経BP社）。

二〇一一年　七〇歳　仙台市宮城野区の仮設住宅敷地内に「みんなの家」（宮城）を計画、竣工。「今治市伊東豊雄建築ミュージアム」（愛媛）竣工。伊東建築塾のメンバーとともに、大三島での活動を始める。

二〇一二年　七一歳　釜石復興ディレクターを務める。「釜石市商店街みんなの家・

事務所設立40周年記念イベントのオープニングで北島三郎の「まつり」を熱唱。バックダンサーは事務所スタッフ。2011年2月21日「座・高円寺」にて。

かだって」「陸前高田みんなの家」（岩手）竣工。イタリアで開催のヴェネチア・ヴィエンナーレ日本館のコミッショナーに就任、国別部門金獅子賞受賞。「ここに、建築は、可能か——第一三回ヴェネチア・ヴィエンナーレ日本館が意図したこと」と題した論文を「新建築」一〇月号に執筆。新国立競技場の「基本構想国際デザインコンクール」に参加、最終選考の一一作品に残るも敗退。著作『建築の大転換』（共著、筑摩書房）、『あの日からの建築』（集英社）。

二〇一三年 七二歳 プリツカー建築賞受賞。「東松島こどものみんなの家」「岩沼みんなの家」（宮城）、「釜石漁師のみんなの家」（岩手）、「台湾大学社会科学部棟」（台湾）竣工。「伊東建築塾 恵比寿スタジオ」が竣工、公開講座の開催など塾の活動拠点とする。作品集『伊東豊雄の建築1 1971-2001』（ＴＯＴＯ出版）。

二〇一四年 七三歳 「南洋理工大学学生寮」「CapitaGreen」（シンガポール）、「釜石みんなの広場」（岩手）竣工。作品集『伊東豊雄の建築2 2002-2014』（ＴＯＴＯ出版）。

二〇一五年 七四歳 「みんなの森 ぎふメディアコスモス」（岐阜）、「山梨学院大学国際リベラルアーツ学部棟」（山梨）、「相馬こどものみんなの家」（福島）竣工。新国立競技場の再コンペティションに参加、僅差で敗れる。

二〇一六年 七五歳 「台中国家歌劇院」（台湾）、「バロック・インターナショナルミュージアム・プエブラ」（メキシコ）、「南相馬みんなの遊び場」（福島）竣工。「大三島みんなの家」オープン。作品集『GA ARCHITECT TOYO ITO 2002-2016』（エーディーエー・エディタ・トーキョー）。著作『「建築」で日本を変える』（集英社）、『日本語の建築』（ＰＨＰ研究所）。

二〇一七年 七六歳 ＵＩＡ（国際建築家連合）ゴールドメダル受賞。著作『冒険する建築』（左右社）。

二〇一八年 七七歳 「川口市めぐりの森」（埼玉）、「信毎メディアガーデン」（長野）、「新青森県総合運動公園陸上競技場」（青森）竣工。文化功労者に選ばれる。著作『伊東豊雄 21世紀の建築をめざして』（エクスナレッジ）。

二〇一九年 七八歳 一月に脳幹梗塞を患い入院、リハビリのち復帰。一二月、大三島にて本書の撮影を行う。

のこす言葉 KOKORO BOOKLET

伊東豊雄 美しい建築に人は集まる

発行日――2020年6月24日 初版第1刷
著者――伊東豊雄
編・構成――佐野由佳
発行者――下中美都
発行所――株式会社平凡社
〒101-0051 東京都千代田区神田神保町3-29
電話03-3230-6583〔編集〕
03-3230-6573〔営業〕
振替00180-0-29639
印刷・製本――シナノ書籍印刷株式会社
装幀――重実生哉

ISBN978-4-582-74124-7
NDC分類番号520 B6変型判（17・6cm） 総ページ104
平凡社ホームページ https://www.heibonsha.co.jp/
乱丁・落丁本のお取替えは小社読者サービス係まで直接お送りください
（送料は小社で負担いたします）。